TONTON
E O MEDO DE COMER

Fernanda do Valle e
Giovana Vasconcellos

ISBN-13: 978-1-962185-21-9

Copyright do texto © 2024 Fernanda do Valle e Giovana Vasconcellos

1ª edição, 2024

Direitos mundiais exclusivos de edição em língua portuguesa adquiridos por Underline Publishing LLC.

Publicado por Underline Publishing LLC
www.underlinepublishing.com

Todos os direitos reservados

Nenhuma parte desta publicação pode ser reproduzida — em qualquer forma ou por qualquer meio, seja mecânico ou eletrônico — tampouco armazenada em sistemas de banco de dados, sem a expressa autorização, por escrito, da editora, exceto no caso de breves citações incluídas em revisões críticas.

Alguns personagens e eventos descritos neste livro são fictícios. Qualquer semelhança com pessoas da vida real é mera concidência.

TONTON
E O MEDO DE COMER

DEDICATÓRIAS

Dedico este livro aos meus filhos Daniel e Theo, aos meus filhos de coração Hugo Leonardo, Karinna, Thalita, Jamie e Elie, e à mulher e amor da minha vida, Ilana. Também dedico à todas as famílias que confiam no meu trabalho e aos meus clientes que me ensinam e me inspiram na minha evolução profissional.

Fernanda

Dedico este livro à minha filha, Antonella, minha Tonton. Ela é realização, inspiração e impulso para minha evolução. Dedico ao meu marido, Guilherme, que me apoia em todos os momentos, e à minha família, que vibra e vive comigo todas as minhas conquistas. Não posso deixar de dedicar aos meus clientes – acreditem, são vocês que me ensinam todos os dias. E aos meus colegas de trabalho, que são tão importantes para meu crescimento profissional.

Giovana

ÍNDICE

A SURPRESA 11

A CONVERSA 17

O MEDO 25

A DECISÃO 33

A AJUDA 41

PLANO EM AÇÃO 53

A FESTA 61

NOTA AOS PAIS E CUIDADORES 65

A SURPRESA

Tonton sempre foi conhecida por ser uma menina muito alegre, carismática, que gostava de estar com a sua família e amigos. Ela cresceu, e se desenvolveu de acordo com o esperado para sua idade, e sempre recebia elogios dos adultos e amigos por ser tão inteligente, divertida e criativa. Todos adoravam brincar com ela, era popular na escola e uma ótima aluna.

O seu aniversário estava chegando, e como em todos os anos, a mãe de Tonton estava planejando uma festa bem bonita. Esse ano a celebração seria ainda mais especial. Tonton iria comemorar doze anos de idade e a sua mãe sempre dizia que, completar doze anos era algo muito mágico.

– Tonton, a sua festa será perfeita! Perfeita como você é! Disse a sua mãe, diversas vezes ao longo do ano.

A festa estava marcada para o dia dez de dezembro de 2023. Os convites já tinham sido entregues e todos os convidados esperavam ansiosamente esse dia.

Mas, para a surpresa dos seus pais, duas semanas antes da festa, ao chegar da escola em uma sexta-feira fria e chuvosa, Tonton anunciou em tom de voz firme, tentando não chorar:

– Mamãe, papai, eu não quero festa… Eu não quero comemorar o meu aniversário esse ano e eu não quero falar sobre isso.

Em choque, os pais de Tonton não estavam entendendo o motivo desse anúncio repentino e esse pedido inesperado da filha. Afinal, ela sempre gostou de fazer aniversário, contando os dias para as suas festas.

Tonton, que já não conseguia mais segurar as lágrimas, chorava muito e não conseguia organizar os seus pensamentos, nem mesmo a sua fala.

Perdidos, seus pais faziam uma pergunta atrás da outra, tentando entender o que estava acontecendo, sufocando-a com tantas palavras.

Tonton repetiu que não queria falar sobre o assunto e correu para o quarto, seu maior refúgio quando queria simplesmente ficar sozinha. Bateu a porta e, em prantos, se jogou na cama, cobrindo a sua cabeça com o seu antigo cobertor azul de unicórnios brancos que brilhavam no escuro, que sempre a acalmou quando precisou. Ali ficou por horas, protegendo-se do mundo lá fora, não querendo mais voltar para a vida real.

Seus pais permaneceram na sala, sem reação, um olhando para o outro, sem saber o que fazer, o que falar, e sem entender o que tinha acontecido para a filha estar naquele sofrimento.

Apesar de Tonton já ter corrido para seu quarto inúmeras vezes e pedido para não ser incomodada, essa foi a primeira vez que seus pais a viram nesse estado emocional.

Eles resolveram esperar a filha se acalmar para, então, conversarem novamente.

2
A CONVERSA

A CONVERSA

Já era noite quando Tonton voltou para a sala para conversar com os seus pais. Com os olhos inchados de tanto chorar e com a voz embargada, disse:

– Acho que agora eu me sinto preparada para falar, eu já não aguento mais guardar isso dentro do meu coração. Eu tenho muita vergonha de não comer quase nada. Antes, eu conseguia disfarçar melhor, mas agora que eu como menos coisas ainda, eu não consigo mais esconder. E continuou:

— De um tempo para cá, meus amigos ficam me perguntando por que eu não gosto de comer frutas, verduras, brigadeiros, salgadinhos, isso ou aquilo, e eles ficam insistindo para eu experimentar as coisas que eles estão comendo. É muito chato! — gritou em tom de desabafo.

— Muitas vezes, eles até dão risada, me chamam de fresca, enjoada para comer, falam que eu sou mimada, que sou anoréxica, zombam do meu corpo.

E continuou:

— Hoje, na escola, a professora colocou um vídeo sobre a importância de comer saudável, e antes de começar o vídeo, ela falou:

— Esse vídeo é para você, Tonton, que não come nada. Quem sabe você aprende e para de frescura. Todo mundo riu. Foi horrível, mãe. Eu não quero festa. E eu nunca mais quero voltar para a escola.

Enxugando as suas lágrimas, Tonton ainda disse para sua mãe:

— Por que eu nasci assim? Você fala que eu sou perfeita, mas eu não sou, eu sou diferente de todo mundo, eu sou muita esquisita... Eu acho que deve ter alguma coisa errada comigo.

— Papai, eu não sou uma boa filha. Eu sei que eu faço vocês sofrerem, porque eu percebo a preocupação de vocês por eu não comer igual as outras crianças. Eu sei que dou muito trabalho para vocês. Vocês acham que eu não sei que não viajamos mais e nem saímos para restaurantes por minha causa? É por isso que eu nem quero mais a minha festa de aniversário. Eu morro de medo de passar vergonha. E eu sei o quanto vocês sonharam com essa festa. Me desculpem por decepcionar vocês.

— Minha filha amada, sobre a festa, não precisamos decidir nada agora, mas saiba que a festa não é importante para mim, nem para o seu pai. Você, sim, é muito importante para nós. E se for para você sofrer, nós cancelamos tudo, sem nenhum problema. E o que eu quero dizer quando digo que você é perfeita, é que você é perfeita do jeitinho que você é, e mesmo com as suas dificuldades, você é perfeita para mim e para o seu pai.

Nesse momento, apesar da preocupação e frustração por terem preparado algo tão especial para a sua filha, os pais de Tonton fizeram algo extremamente importante: não a julgaram, não a puniram e validaram todos os sentimentos que a filha estava sentindo. Mesmo que esses sentimentos parecessem não fazer sentido para eles.

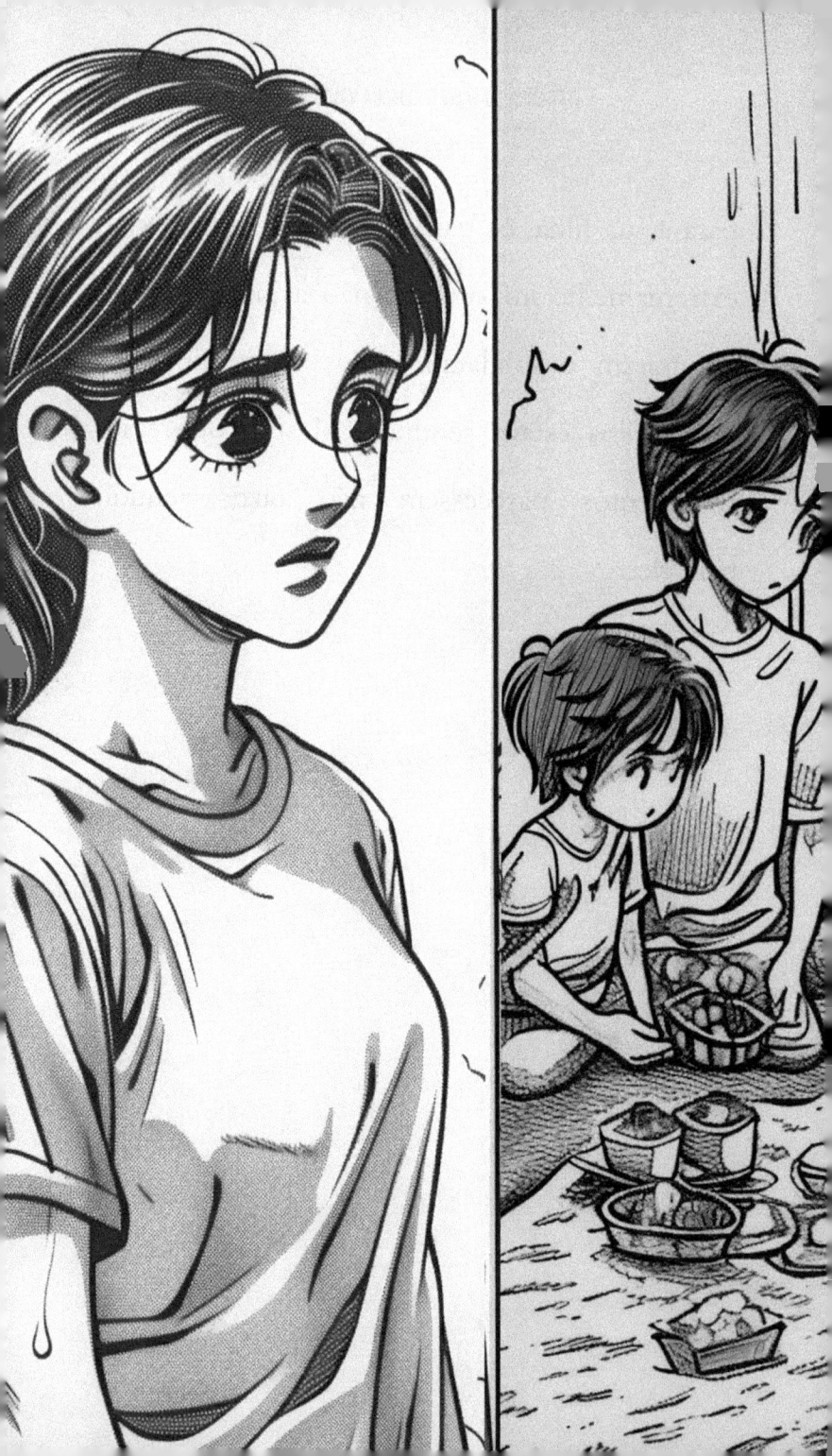

O MEDO

Exercitar a escuta e empatia e estarem disponíveis para entender o que estava acontecendo, fez toda a diferença para Tonton expor suas aflições.

Tonton perguntou:

— Então eu não preciso ser perfeita para vocês me amarem?

— Claro que não, Tonton. Perdoe-me se eu não deixei isso claro para você. Por que está dizendo isso? Perdoe-me se eu fiz você achar que você precisa ser perfeita para ser amada, completou a mãe de Tonton, com lágrimas nos olhos, abraçando a filha bem forte.

Tonton se sentiu acolhida e amada pelos seus pais. Já mais calma, começou a desabafar.

— Sabem, quando eu era menor, e as pessoas não percebiam muito que eu não comia muitas coisas, eu não ligava que tivesse tudo que as crianças gostam de comer nas minhas festas. Mas quando começaram a perceber e a rir de mim, notei que eu sou diferente. Então, nos meus aniversários, passei a preferir ter apenas as comidas que eu gostava. Assim, eu comia igual a todo mundo, e ninguém ficava me perguntando por que eu não gosto de comer as coisas que as pessoas dizem ser as mais gostosas da festa. É muito chato ter que ficar falando, explicando e dando desculpas.

Ninguém entende.

— Vocês se lembram da minha festa do ano passado aqui em casa, quando vocês fizeram do jeito que eu pedi? Sem salgadinhos, sem docinhos, sem cachorro-quente, sem batata frita, só com pipoca, pão de queijo e bolo de baunilha? Sabem o que a Marina falou no dia seguinte daquela festa? Disse que, nas minhas festas, não tem muita comida gostosa, que as comidas que eu gosto são muito sem graça. Ela nem se lembrou de falar das brincadeiras legais e divertidas que fizemos, só reclamou da comida.

— Papai, você se lembra quando você me perguntou por que eu não tenho mais ido nos passeios da escola, ou ido dormir na casa das minhas primas e amigas? Eu sempre dei uma desculpa mas, na verdade, é por isso, porque eu tenho vergonha, e me sinto mal por não comer o que todo mundo come. Eu sinto que todo mundo fica me olhando, me julgando, como se eu fizesse de propósito.

A minha amiga Ana até falou que eu faço isso para chamar a atenção, mas eu juro que não é. E continuou seu desabafo:

— Vocês acham que eu escolhi ser assim, e passar vergonha na frente dos meus amigos? Por que eu não gosto de comer o que todo mundo gosta? Por que eu sinto tanto medo de experimentar as coisas que a maioria dos meus amigos comem?

— Eu finjo que eu não me importo com o que os meus amigos falam, e no começo eu até ria com eles quando comentavam com desdém sobre mim, mas dói muito ouvir essas coisas, nessas horas eu só pensava no meu quarto, o único lugar onde eu me sinto segura.

E continuou:

— Na última vez que fui à casa da Maria, a mãe dela disse para eu ir passar uma semana lá, para aprender a comer direito! Parece que as pessoas ficam me dando bronca todo o tempo.

— Eu preciso comer o que as pessoas querem para serem gentis comigo?! Meu Deus, eu sou um fracasso, nem comer direito eu consigo. E na casa das outras amigas, as mães sempre insistem para eu comer. Eu falo não para uma coisa, e elas começam a oferecer outra coisa, e eu falo não de novo, e de novo... Eu até fico com fome, mas só de pensar em comer aquelas coisas... me dá vontade de chorar! Precisei começar a mentir que eu já comi em casa e digo que não estou com fome. Mas aí elas falam: "Essa menina nunca está com fome, por isso é magra desse jeito." Todo mundo sempre tem alguma coisa para falar, de um jeito ou de outro. É muito ruim, e eu não queria ser assim. Eu juro, não é uma escolha, eu só não consigo comer como as outras crianças. Eu juro que eu queria conseguir.

4
A DECISÃO

A DECISÃO

Até esse dia, os pais de Tonton não imaginavam o quanto a filha estava sofrendo e o quanto eles não enxergavam os impactos da dificuldade alimentar dela na sua vida social. Foi um momento muito difícil para eles também.

Desde que Tonton era pequena, os pais tentaram buscar ajuda, mas eles sempre ouviram a mesma coisa, de diferentes profissionais:

— Com o tempo, vai passar. A sua filha só precisa de bons exemplos para comer melhor. O importante é nunca deixar de oferecer, insistam.

— A sua filha precisa de disciplina, parem de mimá-la, ela quer chamar a atenção.

— Deixem ela passar fome e vocês vão ver se ela não come!

E eles acreditaram nesses conselhos e tentaram de tudo.

Sem saber que estavam piorando a dificuldade alimentar da filha, pressionaram Tonton para comer, ameaçaram, a colocaram de castigo, tentaram algumas estratégias, mas nada ajudou.

Por fim desistiram, com a esperança de que com o tempo, como em um passe de mágica, tudo iria se resolver.

A família foi se ajustando às dificuldades da filha, levando as suas comidas seguras para restaurantes, nas viagens, na casa de amigos, até que essas comidas seguras foram diminuindo ainda mais e Tonton foi deixando de comer fora de casa. Com o "tal do tempo" que resolveria tudo, a situação só se agravou.

Vendo o sofrimento de Tonton e os danos que toda essa situação estava causando em sua vida, os pais decidiram novamente buscar ajuda. Mas agora, com mais informação, sabendo de verdade o que a filha estava sentindo, entendendo que era algo muito maior do que uma "simples frescura". Eles procuraram um lugar que a acolhesse e trabalhasse de forma efetiva com as dificuldades da filha e a ajudassem nessa jornada.

Depois de tanto buscar, acharam uma equipe incrível, preparada para ajudar a Tonton a superar os seus medos de comer. Um lugar onde ensinam as crianças a vencerem os seus desafios: Uma escola para aprender a comer!

E decididos, marcaram uma conversa.

Logo ao chegarem na escola, foram recebidos pela diretora que já foi explicando como funcionava o processo.

— Aqui não chamamos de tratamento. Chamamos de processo de aprendizagem. Da mesma forma que as crianças com dificuldade em matemática precisam de reforço para aprender, as crianças com dificuldades alimentares precisam de professores particulares para aprender e desenvolver habilidades para comer melhor. Tonton adorou essa comparação, o que lhe ajudou a não se sentir mal, ou inferior aos outros, em relação a sua dificuldade.

A diretora ainda explicou:

— Tonton, todos nós temos dificuldades e precisamos de ajuda e recursos para superar os nossos desafios. Tenho certeza de que você conhece alguém que precisa de óculos por não enxergar direito ou que precisa de apoio maior para aprender a ler. O que está acontecendo com você não é sua culpa, nem dos seus pais, nem de ninguém. Para você é difícil comer porque, por alguma razão, o seu cérebro acha que algumas comidas não são seguras para você e ele está tentando lhe proteger.

A AJUDA

— A boa notícia é que temos como ensinar o seu cérebro a entender que você está segura ao comer e que ele não precisa mais lhe proteger. Com ajuda das pessoas certas, as dificuldades alimentares podem ser superadas, e aqui você está no lugar certo.

Tonton, ainda incrédula, perguntou:

— Então, eu não sou doente?

— Não, Tonton, você não é doente, você tem uma dificuldade e vamos lhe ajudar a melhorar.

— Mas eu tenho muito medo de experimentar novas comidas. Nem é medo, é pavor, pânico mesmo. Eu até tenho vontade de tentar experimentar algumas coisas. Quando estou sozinha no meu quarto parece que eu me encho de coragem para superar. Eu queria comer como os meus amigos, mas chega na hora da verdade, eu não consigo, e quero sair correndo.

— Tenho medo de não conseguir engolir, tenho medo de vomitar, tenho medo do que vai acontecer se eu tentar comer algo que é diferente do que eu como. Medo do gosto que vai ficar na minha boca. Não me sinto segura nem para colocar um pedacinho. Têm coisas que eu tenho medo, mas têm coisas que eu sinto nojo e só de pensar, me dá ânsia.

— Todos esses sentimentos são normais, fazem parte da sua dificuldade. Aqui, vamos lhe ensinar a lidar com tudo isso e a enfrentar e vencer os seus medos.

— Mas, como isso é possível? Eu não quero colocar nada diferente na minha boca. Eu NÃO consigo, por favor não insista também.

— Tonton, nada vai ser feito enquanto você não estiver preparada. Ao invés de dizer "eu não consigo comer isso", você vai começar a dizer "eu ainda não estou pronta para experimentar", você acha que isso você consegue fazer?

— Sim, isso eu consigo fazer. Então, vocês não vão me forçar a comer nada?

— Jamais. Ninguém vai lhe forçar a comer aqui, nem em casa, nem em lugar nenhum.

E comer é a última etapa desse processo de aprendizagem.

— Mas se comer é a última etapa, o que eu vou fazer aqui?

— Nós vamos explorar juntas os alimentos que você aceitar experimentar. Você vai aprender sobre eles, vai aprender a tolerar o cheiro, o toque, ficar perto, vamos cozinhar juntas e nos divertir muito. Vai ser algo gradativo, respeitando o SEU tempo. Cada pessoa é única e vamos avançar e organizar o seu processo de aprendizagem de acordo com a forma que você aprende melhor. Você vai fazer parte desse processo.

— Vamos falar dos seus sentimentos, dos seus medos. Você vai aprender truques para tolerar o desconforto de sentir medo... Sabe Tonton, não é sobre não sentir o medo. É sobre aprender a enfrentar os seus medos. Não deixar o medo lhe dominar, paralisar ou lhe fazer querer sair correndo... Você vai aprender a mostrar, para o seu medo, quem é que manda aí dentro de você. E saiba que só de você ter falado como se sente e de estar aqui já é um ato de coragem. É o primeiro passo.

— Nós vamos decidir juntas por quais alimentos vamos começar as experimentações, fazendo uma escala dos mais fáceis para os mais difíceis, e aos poucos vamos evoluindo, no seu tempo, sem pressão.

— Acho que verduras e legumes vão estar na escala dos "mais super hiper" difíceis.

— Não tem problema, Tonton. Esses grupos de alimentos podem ser desafiadores para muitas pessoas. Mas quanto mais vezes você se desafiar a experimentar, menos difícil vai ficar. Você vai se surpreender com novos sabores, e você vai aprender a gostar de comidas que você nem imagina. Isso eu lhe garanto.

— Uau, estou animada para vir para essa escola e aprender tudo isso. Quero logo poder viver igual a todos os meus amigos. Quanto tempo vai demorar para eu aprender a comer melhor?

— Depende, Tonton. Lembra que lhe falei que cada um tem o seu tempo e processo? Eu sugiro começarmos com alimentos que são importantes para você conseguir voltar a ter uma vida social. O que eu quero dizer com isso é que você possa ir à uma festa e comer algo, que você possa passar o dia na escola sem passar fome, que você possa dormir na casa de uma amiga, sem ter medo de que você seja julgada por não gostar de comer nada, que você possa ir à um restaurante com a sua família e ter algo para comer com eles, viajar sem ter que levar um "kit de sobrevivência", que você possa voltar a ir aos passeios da escola etc. Não comemos só para nutrir o corpo. Comemos com os amigos, em família, criamos memórias com a comida e com as pessoas que compartilhamos nesses momentos.

— E falando em amigos, Tonton, você fala com eles sobre as suas dificuldades com a comida?

— Não. Eu tenho vergonha e medo de que ninguém vai gostar mais de mim se eles descobrirem como eu sou de verdade. Eu falei para os meus pais que, quando os meus amigos começaram a tirar "sarro" de mim por eu não comer muito, eu ria com eles só para que eles continuassem a gostar de mim. Mas isso me machucava muito, então eu fui ficando sozinha nas horas de comer, e deixei de ir na casa das minhas amigas para não ter que comer lá.

– Também deixei de ir a festas e passeios por ficar ansiosa, sem saber o que ia ter para comer... Eu já me forcei a comer coisas que eu não gosto ou que caem pesado no meu estômago, só para não deixar os meus pais ou os meus avós tristes, ou por medo deles brigarem comigo. Mas hoje eu não consigo mais. Eu já comi mais coisas do que eu como, mas fui enjoando de muitas comidas e agora não como nem dez alimentos. É muito mais confortável comer as mesmas coisas, eu me sinto mais segura.

— É normal ir diminuindo as coisas que você gosta, se você sempre come as mesmas coisas. Vamos lhe ajudar. Mas é importante você parar de tentar ser quem você não é. As pessoas têm que gostar de você do jeitinho que você é, com as suas qualidades e dificuldades. E se alguém não gostar de você por quem você é, está tudo bem... não precisamos que todo mundo goste da gente. Mas o que não está tudo bem é você ter que fingir ser quem você não é, só para ser aceita ou incluída em um grupo. E o mais importante é você respeitar suas dificuldades e se amar da maneira que é, porque é assim que você vai se sentir mais confiante para enfrentar esse assunto que é delicado para você. Tonton, podemos combinar que a partir de hoje você não vai mais esconder as suas dificuldades para que as pessoas gostem de você?

— Sim, está combinado.

6
PLANO EM AÇÃO

PLANO EM AÇÃO

Tonton saiu daquela escola confiante e animada. Ainda queria cancelar a sua festa de doze anos, mas com a certeza de que na festa de treze anos, tudo seria diferente.

Agora os pais de Tonton estavam preparados, com bastante conhecimento para ajudá-la, e aliviados de terem suporte de pessoas capacitadas que respeitam sua filha do jeito que ela é. Dessa vez tudo indicava que seria diferente e daria certo.

Uma das primeiras ações foi conversar no colégio sobre a dificuldade alimentar da filha, ensinando-os sobre o tema e educando-os sobre o que eles poderiam fazer para auxiliar Tonton no processo de superação, afinal a escola é um ambiente social que as crianças passam a maior parte do tempo. É fundamental que os educadores apoiem e que sejam incluídos nesse movimento, como facilitadores para apoiar a aprendizagem. A professora de Tonton recebeu orientações e entendeu a gravidade do seu comentário, antes de passar o vídeo sobre alimentação saudável, quando ela disse à Tonton que ela deveria aproveitar o vídeo para parar de frescura e aprender a comer melhor. A professora reconheceu o seu erro e se desculpou com ela na frente de toda a classe.

A falta de informação faz com que as pessoas falhem em suas atitudes.

O colégio aprendeu com o ocorrido e aproveitou a oportunidade para explicar a todos os alunos sobre as dificuldades alimentares e a importância de não fazer comentários sobre o que os outros estão comendo e nem mesmo sobre o corpo de alguém, pois nunca sabemos o que está acontecendo com aquela pessoa e podemos, sem querer, desencadear ou agravar um problema alimentar, como no caso de Tonton, que estava sofrendo com os comentários dos amigos e se isolando por isso.

Depois de aprender sobre o tema, os amigos de Tonton nunca mais fizeram piadas sobre o assunto ou fizeram qualquer comentário que a fizesse se sentir envergonhada. Todos entenderam que muitas vezes, mesmo quando falamos algo em tom de brincadeira, podemos estar fazendo *bullying* com um amigo, mesmo não sendo essa a nossa intenção. Todos aprenderam sobre empatia e a importância de tomar cuidado com as palavras que usamos, pois sem querer, podemos causar danos irreversíveis na vida das pessoas que amamos.

Tonton contou para os amigos que ela estava indo em uma escola para aprender a comer melhor e se surpreendeu com os seus relatos sobre as suas dificuldades em diversas áreas. Foi libertador poder falar sobre esse assunto de maneira aberta e se sentir acolhida por pessoas que ela tanto gostava.

Ela viu que ela não era a única jovem sofrendo, e percebeu que cada um tem os seus desafios, seus medos e está tudo bem precisar de ajuda. Inclusive, essa ação encorajou outras crianças do colégio a se libertarem de seus medos.

O medo dela era o de comer, mas o da Marina era o de dormir sozinha, o do Pedrinho era o medo de ninguém gostar dele. Já o João tinha medo do escuro e a Regina, medo de ficar gorda...

A Renata vai ao professor particular de matemática, porque ela tem dificuldade em aprender e a Luísa precisa de ajuda para se concentrar nas aulas.

Já o Joca morre de medo de que algo de ruim vai acontecer com os seus pais e a Joana tem pavor de trovão.

Aprender sobre os seus desafios e dos seus amigos, ajudou Tonton a normalizar as suas dificuldades e se sentir pertencente ao seu grupo novamente.

7
A FESTA

A FESTA

Um ano depois, em sua festa de 13 anos, Tonton comemorou muito mais do que o seu aniversário. Ela comemorou sua coragem e a superação de tantos desafios. Nesse último ano, aventurou-se, descobriu novos sabores, criou novas memórias e histórias. Se sentia feliz, não se sentia mais esquisita e não sentia mais a necessidade de se isolar.

Recuperou a sua auto-estima e confiança. Fez novas amizades e aprendeu que ela não nasceu para agradar a todos e que o que importa é ser ela mesma. Tonton voltou a sorrir, cativar e encantar os que estavam à sua volta. Mas agora era diferente. Ela não representava mais. Não tentava ser alguém que não é, só para agradar e ser aceita.

Parou de se cobrar tanto e não tentava mais esconder as suas dificuldades, nem tentava mais ser perfeita.

Os adultos aprenderam a importância de estarem prontos para acolher as diferenças e reconhecer o quanto eles são exemplos para as crianças.

Nunca mais irão excluir, expor ou julgar alguém, colocando as suas dificuldades em pauta, de maneira debochada.

Tonton aprendeu e ensinou que perfeição não existe, e que todos nós erramos, temos desafios e precisamos de ajuda para superá-los.

NOTA AOS PAIS E CUIDADORES

Dificuldade alimentar não é uma escolha da criança, muito menos uma frescura, ou um comportamento inadequado para chamar a atenção, como muitos pensam.

Infelizmente, não é incomum, mesmo dentro da classe médica, achar profissionais que não estão preparados e capacitados para atender essas famílias, colocando a culpa nos pais, ou dizendo que quando for para a escola vai aprender a comer, que é fase, que a criança é mimada, entre outros comentários impróprios.

Mas a boa notícia é que existem tratamentos especializados e dificuldades alimentares têm cura.

Se ao ler esse livro, você se identificou e percebeu que o seu filho possa apresentar algum tipo de dificuldade alimentar, procure ajuda de um especialista nessa área.

Você não está sozinha(o)!
Receba o nosso abraço,
Fernanda do Valle
Giovana Vasconcellos

SOBRE A AUTORA

Fernanda do Valle, nascida em 17 de março de 1978 no Rio de Janeiro, residente nos USA desde 2015, é psicóloga formada pela Purdue University, com mestrado em *Applied Behavior Analysis* pela mesma universidade. Fernanda também tem formação em neurocoaching (fusão de neurociência cognitiva, neuropsicologia, e técnicas de terapia cognitivo-comportamental), *dialectical behavior therapy* (DBT) e *cognitive behavior therapy in eating disorders* (CBT-ED). Desde 2009, depois de se recuperar da Anorexia Nervosa e publicar o seu primeiro livro "Eu, ele e a enfermeira... na luta contra a anorexia", Fernanda tem dedicado parte do seu tempo a dar palestras e tem sido um canal de ajuda na vida de milhares de famílias, através de seus livros e projetos, que compartilham suas experiências pessoais e profissionais. A autora é mãe do Daniel e do Theo (fonte de inspiração para o seu livro "TARE – Transtorno Alimentar Restritivo Evitativo, para pais e cuidadores", no qual ela relata a dificuldade alimentar do seu filho, e sua árdua jornada em busca da cura).

"Foi pela escassez de especialistas para ajudar o meu filho, que eu me tornei uma!", diz Fernanda do Valle.

Fernanda publicou oito livros no Brasil, dois deles traduzidos para o inglês pela Underline Publishing. A autora também é membro da Academia Internacional de Literatura Brasileira, que lhe concedeu o Prêmio Reconhecimento Internacional de Literatura Brasileira, em 2020 e 2023, na cidade de NY.

SOBRE A AUTORA

Giovana Vasconcellos, nascida em 18 de janeiro de 1990 em Campinas, é psicóloga formada pela Pontifícia Universidade Católica de Campinas, com especialização em Análise do Comportamento. Giovana possui experiência de mais de 10 anos atuando com Análise do Comportamento Aplicada (ABA), trabalhando diretamente no desenvolvimento de crianças autistas. Atuou como terapeuta ABA, supervisora ABA e gerente de casos clínicos. Possui Master of Business Administration (MBA) em liderança, gestão de equipes e produtividade. Desde a adolescência, sabia que seu foco seria trabalhar com o público infantil, auxiliando e participando de seu desenvolvimento como um todo. Giovana é mãe da Antonella, quem inspirou a autora a dividir e compartilhar seus conhecimentos de estimulação e desenvolvimento infantil com famílias, responsáveis e profissionais da área.

"Desde que me tornei mãe, percebi uma grande imposição de regras para atingir o desenvolvimento infantil perfeito. Ao juntar meu conhecimento técnico com minha experiência maternal, reforcei minha ideia de que precisamos considerar os contextos familiares e cada criança como única para acompanhar sua evolução. Por isso, iniciei minha jornada de dividir conhecimentos e vivências da vida real, ao qual nem sempre é possível aplicar o que é ideal, mas sim o que é possível," diz Giovana Vasconcellos.